LE SILENCE DE LA TERRE
de Claude Paradis
est le quatre cent soixante-quatrième ouvrage
publié chez
VLB ÉDITEUR
et il a mérité
le prix Jacques-Poirier 1993.

Claude Paradis est le deuxième lauréat du Prix littéraire Jacques-Poirier. Doté d'une bourse de 2500 $, ce prix veut perpétuer le souvenir du fondateur du Salon du livre de l'Outaouais et rendre hommage à ce qu'il chérissait le plus: l'œuvre littéraire.

Le Prix littéraire Jacques-Poirier a été créé grâce au Salon du livre de l'Outaouais, à l'Association des auteur-e-s de l'Outaouais québécois, aux Caisses populaires Desjardins de Hull, à la Ville de Hull et à VLB éditeur qui assure la publication de l'œuvre primée.

LE SILENCE DE LA TERRE

du même auteur

L'AMOURABLE, Montréal, Éditions du Noroît, 1989
(coll. «l'instant d'après» 33).

STÉRILE AMÉRIQUE, Montréal, Éditions Leméac, 1985
(prix Octave-Crémazie 1985).

Toute œuvre a son histoire, toute œuvre naît d'un contexte que l'on préfère souvent garder secret. Avec *Le silence de la terre*, le lecteur aura compris que l'absence, la distance, la séparation sont au cœur de ce langage. Mais au-delà des mots de l'amour et de l'absence, il y a des êtres — en quelque sorte, des témoins — qui ont chaleureusement contribué (et involontairement, c'est-à-dire de manière désintéressée) à alimenter la nécessité de l'écriture.

Je veux ici souligner le réconfort continu que m'a procuré l'amitié de madame Lise Roy, de Belle Rivière en Ontario, et de son fils Francis Marion; tout en saluant la belle complicité du personnel de l'École secondaire l'Essor de Windsor, Ontario.

Claude Paradis

Le silence de la terre

poésie

vlb éditeur

VLB ÉDITEUR
Une division du groupe Ville-Marie Littérature
1000, rue Amherst, bureau 102
Montréal, Québec
H2L 3K5
Tél.: (514) 523-1182
Télécopieur: (514) 282-7530

Maquette de la couverture: Gaétan Venne

En couverture: Simon Robert, aquarelle
sur papier arche inspirée d'une œuvre
de Picasso, 1992

Distribution:
LES MESSAGERIES ADP
955, rue Amherst
Montréal, Québec
H2L 3K4
Tél.: à Montréal: 523-1182
       interurbain sans frais: 1 800 361-4806

Dépôt légal — 1er trimestre 1993
Bibliothèque nationale du Québec
ISBN 2-89005-529-9

Mais même en lieu d'exil on a aimé la terre,
Tant il est vrai que rien ne peut vaincre l'amour

YVES BONNEFOY
Hier régnant désert

Aucune arrivée de froid ne me rejoint
dans cet éloignement *(estrangement)*

ni la vie possible
dont je n'atteins pas les bords

JACQUES BRAULT
Moments fragiles

Belle rivière

1

Le fleuve
a mon regard
perdu

[rebellious]

Insoumise au vent
tu vas contre la distance
t'unir tel l'empierrement
aux berges qui nous nomment

Personne ne comprend très bien
la crainte des amants

dans la distance
mourir est si facile

Quand partir rythme
le sens des heures
quand partir oblige
intérieur vacille
un glacier mutilé

persiste l'horizon
comme le peut la mémoire
(montagnes   un sablier
au ciel inversé calcule
l'âge de notre amour)

quand partir débite
son écrasante rumeur
la nuit se montre constante

les arbres taisent notre secret

dans tes yeux tremble la terre
se déchirent des eaux
déjà tellement usées

sous mes paupières
le monde se retire

Sous mes pas gronde la terre
les eaux pressent mon âme
dans leur étau (y creusent
un lit) je vais
reconquérir l'éclat des choses

lourdement la rivière
imprègne le limon
(une pierre le répète
une écorce l'écrit)
le temps est une roche
là tout au fond

Élogieuse parole
l'arbre déclame
transgresse le poison
de la distance

le pouls à ton poignet
est une sève vive

mon aimée qu'une feuille
dans sa chute automnale
frôle à meurtrir ma main

je ne t'entends autrement
que dans le silence profond
de la rivière
belle
je connais bien ce mouvement
c'est l'épaule d'un rivage
où la vie se détend

Nulle ombre jamais ne t'oublie

ailleurs je marche
dans la mémoire de tes pas

l'eau d'une rivière
murmure à la façon
d'un fleuve (tu le devines)

Naître ainsi
au partage des eaux
quand le matin attise
les sources

un peu de lumière sur le bois
promesse cuivrée

le vent me chuchote
un bruit qui quelque part
transporte un mot d'amour

la verdure nourrit l'espoir
(embrasement n'est pas feu)

seul héritier de la source
l'automne instaure l'humilité
premier signe de noblesse
leçon d'amour

2

Pour toute mémoire
quelques objets un parfum
un vent sanglant mes épaules
dans le secret des arbres
le rite des matins perdus
où solitaire tu me vois
en quelques phrases lapidaires

c'est le mutisme qui vient

Entendre la voix
percer la pierre
des eaux

un fossile éclaté
régurgite l'ambre
tel un mauvais sang
touillé en la blessure

le soleil incendie l'écorce
j'y grave le nom de mon amour

le matin est si frêle
quand le temps fuit

la lumière s'émiette avec nous

Perdu le lieu
vaste où penche la terre

l'espace ouvert
d'une ou deux lunes
je dis
que la durée est un silence

il n'est d'heure moins précise
l'absence
ment effrontément

Nous revoici où la terre
fait ses nœuds
avec le silence heureux des eaux

nos paroles conjuguent
opiniâtrement
le murmure des arbres

Une fissure en l'écorce
libère un filet ténu de larmes
qui sont la froide solitude
et parfois le déclin de la branche

mais le lieu encore
situe ce qui de moi s'éloigne
je marche dans une éclipse
que mes ombres répètent
j'investis l'entière distance
pour ton nom consentir

L'après-midi est sourd
et l'instant suspendu
au sol le bruissement
d'un lit de feuilles

un écureuil furieux
de ma présence
haut dans l'arbre
me harangue

le lit de feuilles s'est tu

immobile
la vie m'encercle
telle une amoureuse

À l'orée de ta voix
le souffle s'empare
d'un espace jamais délimité

brasier des vents

tu traverses
les cendres de l'ombre

Un mur garde en mémoire
un peu de ta présence
(une ombre désirée)

un bruit énonce la chair
autrement apprivoisée

je découvre l'autre versant
du miroir
l'autre mémoire des choses
(je ne sais rien) ce blanc
ce blanc n'est pas silence

La mort aurait cet aspect
de qui subit l'ennui

qui part
porte l'absence
en lui

Derrière la paupière
le seuil de te toucher
l'incertitude heureuse de tes bras

(nous avons perdu
l'odeur de nous épandre
nous logeons quand même
nos cris au profond d'un fleuve
ne serait-ce que l'intense
moment de mourir)

Le milieu du pont
qu'est l'automne où je meurs

l'incommensurable éloignement
de l'ombre
une brisure dans la lumière

me parvient le feulement
d'un pas craintif sur la neige
(une fleur soudainement roide
mais douce en son veuvage)

puis le long cri du vent
ni agonie ni plaisir

ne te referme pas
ô ma mémoire

Franchir d'un trait
toute la distance du dire
effroyable mesure
aucun écho jamais n'enfreint

(je parle en vain de nous)
le trop vaste horizon
ton nom la nuit me refuse

et tous ces bruits
les mots que jamais
je ne comprends ou qui
simplement ne m'atteignent

3

Comment ne pas ébruiter
le pouls distinct de mon amour
que dire d'autre
quand le froid silence
rythme terrible à mes tempes

bourdonne en moi ta peur
et je crie ton nom
inutile

je crie contre l'inutilité
même de ton nom

ici
je ne fais pas de bruit
personne ne comprend
ma façon de dire je t'aime

absent comme tout
ce qui subit l'absence

j'erre

De mon point de vue
la terre vacille
incalculable
son poids dépasse
ma présence

la terre tourne en mon œil
(passe au bleu)

en mon être
résonnent les assauts
d'un fleuve

légers fragments sous la paupière
petits éclats de rivages
vestiges des herbes murmurées
je réclame votre justice

Entre nous
l'étroit silence
d'une lettre

la lumière du froid
l'effritement des corps
ce papier ta parole
essoufflée

je déplie ta voix
et froisse le silence

(l'horizon étire ses plans
qui sont le vide et l'ennui)

Dans la marge à peine
détruite par l'écriture
ton corps
soufflant
le terrible silence des mots

péniblement ton absence
toute noire j'écarte
mais ne te touche
ni ne t'atteins

Tôt à l'aube
les buissons ardents
éclatent de mystère

l'horizon bascule de ton côté

distante et invisible
je te vois
froisser les herbes du levant

une odeur de neige te surprend

Quelle que soit la pierre
dans la nuit éprise de ses douves
le sel encore brûle
la source
le gel s'y fragmente

(sous ma main
le terrible morcellement
du papier)

une parole toute fragile
reçoit l'émoi de la blessure

Tout autour les arbres
craquent de ton absence

je suis là quelque part
à te murmurer
des poèmes de Jacques Brault

je profite d'une souche
pour mesurer
notre accablante distance

L'eau brûle les neiges
nourrit la solitude de l'arbre

je n'emporte avec moi
que le sursis de la mémoire
ce rien qui persiste
à se faire silence

le vertige d'aimer la terre
prénomme ma demeure
(promesse chaude neige)
le regard de l'eau
l'écorce de ma durée

arbre je deviens
ô mon lointain amour

tu enracines la mémoire

De quel mot encore
percer les murs ternes
de mon ennui

quel cri
si inutile qu'il soit
me redonnera l'écho
de ton écoute

Deux arbres au vent
d'une extrême nudité
s'épousent et réinventent l'ombre
cette juste nécessité

Hiver sans vérité nue

1

Parfois l'art me rejoint
et l'absence se peuple

la distance entre nous
est un mur vide de sens

Patience écrite dans mes mains
une ombre mes paumes
protègent et redessinent
(une tendresse et un secret)

l'empreinte de ta voix
retentit dans mes mots
qu'aggrave le silence

La musique tient droite
la bougie du silence

tels ces parfaits poèmes
que sont
les *Impromptus* de Franz Schubert
piano nocturne vie
(la présence de l'amante
en mon haleine)

En la terre je mords
le corps que l'ombre préserve

mon visage choisit les âges
de sa peine: vieillir amour
si loin
si loin

Je suis d'un autre chant
comme d'une autre terre
étranger à cette parole

le vent souffle je ne l'entends

sur le sol l'absence
ronde d'une pierre
et le tournoiement de la poussière

Sur un visage sans ombre
divise la terre   espace
ténu geste délaissé

sous l'exacte dimension
altitude des herbes où meurt
le vent

un rocher
heurté à peine
géologie complète
de nos deux corps souvenus

herbes sueurs blanches
et froides où sèchent mes mots

hiver sans vérité nue

Amour: le sentier raviné
culmine la source et l'affluent
dans le mitan des ombres

était-ce loi à contrevenir
ce cri amenuisant toute parole
qu'est à l'encontre du silence
la déchirure des amants?

Ambiguïté d'un regard
versé au littoral des choses

le visage jamais désappris
de la pierre où surgit la mémoire
pierre de l'ombre
éprise de sa fragilité

Au chemin
que divise l'ombre
la main libère la main
dans un geste léger
dans une fuite d'eau

la peine par le corps
traversée

une distance se devine
marais sous les neiges
lumière étouffée

dans sa chute vers le centre
le mot divise la chair

Attentif visage de glace
profond comme un puits
creuse l'âge
sous la paupière

(puits d'âge n'a d'autre lieu
que mon regard éperdu)

Dignité du verre en son éclat
par delà le mythe de la lumière
je retrouve la pierre
qui nos ossements retient

le soir sitôt la caresse
du givre l'énigmatique feu
je puise ici mon suc
l'éternité écrite dans la main
de l'autre

Qu'ai-je à tendre les paumes
au vent quel piège
durcit à creuser la chair

s'écoule par mes doigts
un faisceau de lumière
c'est un glissement de sens
que l'âge polit

un sable multiplie la patience
l'extrême limite où je tangue
sans équilibre sur ta voix

2

L'oubli atteint l'écorce
que le froid de nos chairs
brûle

la rivière
dure à broyer le silence
et le décuple de l'eau
la rivière où s'emmêlent
la fuite et le retour
la rivière où je marche
(poisson d'hiver et d'insomnie)
ô loin de mon amour

encore l'oubli
calé entre les chairs
entre les pleurs aussi entre les os

Au matin apprendre
la défaite totale du corps
au profond de ma gorge
persistent tes parfums

les mots péniblement reprennent
leur métamorphose silencieuse

subsiste le calcaire de ta caresse

(suffit-il d'arrondir la terre
que promet le rêve d'enfanter?)

Dans l'interdit de nos voix
le bruit sans écho
de la pluie qui est peine
et larmes
la rumeur sèche sur la langue

vaste est l'espace
dans mes mains maintenant brisées

la nuit avance avec le vent

La musique piétine mon silence

les murs se lézardent

dehors la nuit chavire
étrangement les eaux méditent
une plus grave solitude

au sol la source noie
la mémoire des feuilles
et va mourir ailleurs

Je suis cendre sous la pluie
dans la fragile existence
du feu froid de l'hiver

À peine entendue
ta parole en ma tête

comme si la voix
émue et noire portait
trace intérieure du corps

(une musique comble nos murmures)

La beauté est un matin d'arbres
ailleurs un matin-fleuve

partage des amants
dans la frise du gel
la longue intimité se fige

aube qu'une distance révèle
jour et patience ne limitent
plus ma peine

L'immobilité contemple le vide
amer de tes mouvements

devant moi l'hiver médite
une chair plus blanche
que poème avorté

défaire tranquillement
les tresses diffuses de la lumière
seulement voici que les arbres
nouent le vent
et nous éventrent

Je veux situer la mémoire
en un point où l'eau
non la glace recouvre
la patience du geste

ces glaises d'une silhouette
obligent à prendre forme
instant et métaphore

passer du nom au corps
est une habitable peine
à qui reconnaît le doute
sous les masques de l'absence

Dans la brûlure du ciel
une pensée s'incruste
tel un fossile
amer ou un gel profond

La musique est sans préjugé

un arbre la courtise
le froid l'émaille

elle m'accompagne encore

La juste chance du corps
dans la mémoire matérielle
épaule meurtrie
dans la frayeur des matins
j'aiguise une dernière habitude
une pierre alourdit le socle
que dessine le geste muet
granit promis à la poussière

puis revenir à la durée

Horizon dévasté

1

Le doute dissipé
nul ne brise le miroir
que l'eau déploie

je traverse tout l'espace
possible entre la rivière
et le verbe fluvial

brisure d'eau sur le sable
ton pas dans le mien contourné

une neige persiste à nommer
en toi profonde la saison
de l'éternel sommet

l'hiver baptise notre silence

Transperce le cœur de l'oiseau
migrateur en d'autres détours

suffit-il le geste de la main

légère indifférence
la distance échappe
les ombres ignorent qui je suis
au-delà le remous de t'aimer

mon présage
par le ciel te revient

Le cercle ouvert est un lac
où l'eau danse profonde
nos lèvres lointaines et bleues
penchent au-dessus l'averse de boire
la fenêtre limite notre distance

Ni cloître
ni cloison
juste la verte ivresse
d'un horizon dévasté

Quel sens prend le temps
qui se désagrège

une éternité
défait lentement les nœuds
délaye le sable
en nos paupières

l'âge dévore l'âme
avec le sel des larmes
remontant la mémoire
où la durée invente
un lendemain de chair

l'amour est la première
lueur de vie

Affection du bois
une neige trop vite décrue

le sol ouvre en sa mort
une rivière noire
(nulle eau ne conjugue)

le froid effrite ma patience
à ne plus être feu

périr hiver parmi les neiges
qui raréfient leurs chances

2

Par le verbe de ta présence
multiple soleil flambe la main
à d'autres sommets portée

j'émerge lentement
du gouffre de tes silences

ne souscris pas au désordre
du vent sans le vocable
de quelque fleuve sous nos pas

où le rivage fossilise notre cycle

Sur le feuillage de ta voix
tendre la cloison fertile
du rite autrefois oublié

je dégage l'obole essentielle
sable sous l'ongle retiré
quand passe le caressant

la nuque au soir se vide
d'une avalanche de peine

Incendie blanc dans l'aube grège
appel d'amour par delà l'horizon

la neige ouvre un puits de lumière
dans la profondeur de mon âme

Dans le secret des corps
que sont deux rivages distincts
le mystère d'une rivière brûle
la chair émue
profonds herbages mille fois penchés

l'herbe qu'on croirait incendiée
tellement la foudre du froid
et la colère des eaux
l'ont flagellée

Image le sable où tourne
la mémoire dans sa gravité

un reste de neige ou une photo
graphie le temps échappe
une part du poème

l'écriture soudain éparpille
les secondes les dernières
poussières sans âge

tu fixes quelque part en toi
l'habitude d'un rêve
que je prends temps de nommer

un sable glisse de la mémoire
rejette l'heure beaucoup trop loin

Qu'enfreindrait imperceptiblement
le bruit de l'eau

sur le rivage la distance
tenue pour mémorable
dans le déchirement des mains

un pleur un soir la pluie
de l'être

miroir heureux

(je compte les âges
à t'attendre)

chaque matin
une lumière
intensifie l'absence
sans ombre sur le sable

Ainsi serait nommée
l'ivresse où le sublime
éploie le rose sous la paupière

mon amour le bois
tinte à mon oreille
comme en l'âme du gîte
chaque planche joue l'empreinte
de ton amour

L'espace entre nous
éconduit ma main
connaître l'épuisement
soudaine mémoire morte

mentir au poème!

La lumière ici n'a pas de source

Tard venu
le soir
magnifie le soleil
dans le delta de sa chute

une lettre
partage en deux le jour
dont les versants se repoussent
pour ailleurs s'épouser

Érosion lente et nocturne
de la lumière
je traverse un possible feuillage
quérir le parfum de tes doigts

au théâtre qu'un boisé augure
nul obstacle au rêve

vierge semence un tison
le poème graver

Ce peu de gestes entre nous
sinon l'habitude du papier
en ces temps où la distance
oblige à d'autres issues

je feuillette une fois encore
ce peu d'obstacle
qu'offre ton corps
dans la durée du vide
je relis aussi
les poèmes où tu verses
sans le savoir la source
sitôt le fleuve questionné

je n'oublie pas l'essentiel
(ni l'eau en ton regard puisé)

3

Je refais en mémoire le chemin
jamais défait où tu passes
comme un trajet du dicible

je suis au fil de l'eau
celui   en un autre temps
qui peine à rejoindre la rive

Aussi loin que la mort
l'heure se perd

où je suis la distance
est un refuge en feu

tu n'es pas là
où l'herbe indique
le poids des eaux
tu ceintures le rivage
avec de simples bras

autre serait le fleuve
depuis rire en ton ventre
et tant de nos murmures

autre serait le fleuve
depuis révolue l'absence

autrement
le rythme

L'espace décroît l'écho de ton silence

le feulement de l'œil aveugle
murmure du noir éclat
dans le désir des sables
(poussière n'admet pas le temps)

je saisis l'opacité
de mon visage
la pression de tes mouvements

D'un boisé éclot l'offrande
que sont les lavis d'un sentier

ce matin est une naissance
qui implore mémoire

Tenir le feu distant
ne pas soulever l'écorce
est un matin d'ennui

un arbre décante mes ombres
sur un chemin paisible
mais lourd

le sol est friable où je vendange
le limon que lègue la rivière
promesse de fleuve justifie mon attente

Dessiner l'impossible
où le cercle prend sa fureur

une source jaillit de la pierre

je ne saisis de la terre
qu'un prénom de sable
au rythme des saisons

l'univers en moi accroît
la lourdeur de vivre
la légèreté d'aimer

le printemps soustrait l'ivraie
au sol que j'invente inscrit
le projet d'ascension des lunes

isolement d'une paroi glacée

jet de sable grave l'ondée
sous les paupières

gravide est la rivière
dont l'estran porte l'écriture

au-delà des marées
un sang faisande la terre
grossit la mer

je suis seule mémoire
saxifrage du glacier
attente

Épaule rivage
(attente)

1

Où situerais-je l'ardoise
en marge de quel cours d'eau
le coquillage dont nos voix
seules sont l'écho

une saison détisse l'étendue
entrevue depuis le gel

distante époque que signent
la mort et la naissance

deux rives au crépuscule s'épousent

terre et eau ont le même poids
aux yeux du jardinier

Qu'advient-il de ce cheminement
long vers le fleuve la mémoire

le temps déracine la durée
rarement de sable l'attente
(désormais l'impatience)

ailleurs je regarde les pierres
du chemin (imparfaitement parcouru)
un silence profond
nourrit les arbres de l'oubli

N'être ni présence d'âge
ni même une quête de sable
devant ce que prépare le sol

ni aromate ni sel

ni semence
ni levain

une femme seule supporte
le geste de souffler
mystérieusement nouvelle
et jeune

Aujourd'hui
la lueur d'un vent
où ton ventre respire

une rivière ébruite ma peine
aux glaises de nos corps se peut-il
se peut-il

Qui de l'ombre se dissipe
d'une voix dont le timbre
tinte longuement

(mes hanches se souviennent
d'une parole légère)

ineffable mystère
augmente en moi le murmure

Le fleuve côtoie le jardin
où taire l'absence

nous brûlons nos murmures
à frapper les pierres
de nos silences

(j'ai nommé la terre
en touchant tes seins)

L'été aborde ton silence

première énigme qu'est la lumière

plus lentement tournent les jours
sous la poussière du siècle

je ne perçois plus
le murmure audible hier
de ta crainte

ne t'entends pas

les bruits de la ville et le travail
abîment nos silences

je t'aime par delà ces paroles
prononcées pour entendre
ce qui n'a plus à être dit
(ce qui toujours doit être dit)

Quelques traces possibles
de l'éphémère qui me prénomme

le vide n'a d'autre durée
que l'inerte clameur du vent

je n'emprunte plus le sentier
où les ronces
avalent les âges les arbres
trop de terre déjà déchire
en moi le peu d'eau accumulée
trop de blessures guerroient

l'intrépide patience œuvre
à nourrir le désir

tragique épreuve du poème

2

Éprise de l'ombre la paupière
où les réminiscences du geste
grappillent les éclats
l'argile doucement se tait

quelles mains fluides
retiennent la durée

reste l'absence
et soudain le doute
d'avoir vraiment existé

Une douleur précipite mon chant

(sous le poids de ta présence
prochaine
imprenable est l'ombre
de mes ardoises)

le temps fragmente nos âmes
qui combattent l'usure

Je partage le haut silence
de l'été

(des goélands discutent
de répressives marées)

le temps suspend son cours
au-dessus d'un lac

je ne suis pas
tout à fait là

Dans le fourreau de glaise
je cueille   tel un fruit
le soleil   (parole d'outre-lumière
lingerie de sable)
je passe près de la source
où baptiser le corps

tu travestis la distance
en divisant les eaux
tout geste compris
la terre te donne gravité
tu le lui rends bien

Répétitif chant
et silence obstiné

ainsi
      entamé-je l'éternité
par la sérénité des oiseaux
aiguisant leur patience
contre les herbes du rivage

Le ciel strié d'azur
répète l'amplitude d'un lac

ici naît la distance
dans toute son étrangeté

la mort dessine des arabesques
rosées dans le soleil couchant

La fragilité n'est pas fragile
elle persiste
telle une rupture

La terre est mobile
en son interrogation
quel gisement la libère
de sa multitude

une femme reconnaît en ses puits
l'unique source qui la façonne

du sel ce viatique
au cœur du solitaire

réponse secrète de la rondeur
énigme attisée
ouvrir un chemin d'eau
entre nous

J'ai longé la rivière
pour voir le canard
le héron la bernache

j'ai voisiné avec le vert

les herbes et le sable
l'usure du chemin
(sous mes pas) le silence
de la terre
et le couteau d'un train
sur ce tableau

longuement j'ai voisiné
avec l'acquiescement de vieillir

À nouveau le sable
lève sa poussière
le mouvement emporte ma chair

derrière moi les ombres
et leurs tromperies

je m'approche du fleuve
où tes gestes signent
leur offrande au rivage

nos mots déjà retrouvent
l'écho d'une mémoire
(la mer?)

3

près de la source
loin de la mort

J'épuise (où l'on meurt)
les dernières chances du grain

je retourne à tes reins
palper l'aliment d'une aube
encore avare de soleil

une pluie perce mon regard
et nourrit tes lèvres

À quelques pas de la source
l'herbe frissonne sous mon poids

ombre à mon pas fondue
bientôt le siècle froid
sous sa fragile lumière
accueillera un léger captif

d'autres fruits encore hors d'atteinte
promettent à la chair l'espace durable

Ce silence en mon ventre
est obstacle à la mort

très loin et profonde
tu prépares notre patience

(le temps venu
de prononcer un nom)

(La rivière sommeille
et rêve d'être fleuve

mon naufrage prend fin
la terre est belle à voir)

Tu n'auras que le souffle
à défendre une haleine
deux fois portée au ventre

et le temps chaud de l'été
dans les veines et sur la peau
nous rendra nos lourds
appétits d'eau et d'air

Quérir le poids de l'onde
au midi prolongé

ailleurs tu te lèves
avec le rose enroulement des chairs

dans la toile tendue de mes mains
toute terre rendue à tes ombres
je te parle de nous et du siècle
qui s'achève mais que nous refaisons

Le vertige nous rejoint
semblablement

le sablier éclate

Souffler sur les cendres
dernières de la distance

mes yeux retiennent
la perspective d'un sable
où les âges passent à rebours

la fragilité d'un souffle
vocable à peine perçu
dans le mythe de la terre

je m'émeus

(tu veilles sur une ombre
qu'intérieure tu tisses)

4

Dans le silence de la terre
il n'y avait plus de chemin
possible
j'ai trouvé appui
contre l'épaule d'un rivage

Je demeurais en moi, alors, n'ayant d'autres soucis
Que d'attendre la fin dans la tendresse de mes arbres

JEAN-PAUL GUIBBERT,
Pierre et non pierre

Table

CET OUVRAGE COMPOSÉ EN BODONI 12 POINTS SUR 14
A ÉTÉ ACHEVÉ D'IMPRIMER
LE QUATRE MARS MIL NEUF CENT QUATRE-VINGT-TREIZE
PAR LES TRAVAILLEURS ET TRAVAILLEUSES
DES PRESSES DE L'IMPRIMERIE GAGNÉ
À LOUISEVILLE
POUR LE COMPTE DE
VLB ÉDITEUR.

IMPRIMÉ AU QUÉBEC (CANADA)